L'ARMÉE FRANÇAISE

SOUS

LA DISCIPLINE DES JÉSUITES

A PROPOS DU

GENERAL BELLEMARE

« Perinde ac cadaver »

Fragment d'un livre qui paraîtra prochainement sous ce titre:
ORGANISATION DES FORCES NATIONALES

Prix : 50 Centimes

PARIS

IMPRIMERIE ED. BAUME, ÉDITEUR

28, Rue Saint-Lazare, 28

1873

L'ARMÉE FRANÇAISE

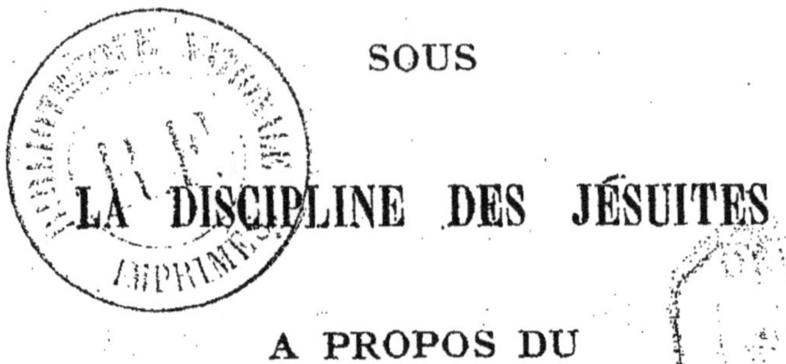

GENERAL BELLEMARE

« Perinde ac cadaver »

L'affaire Bellemare emprunte aux circonstances dans lesquelles elle s'est produite une gravité exceptionnelle.

Ce n'est pas, en effet, assumer une mince responsabilité que de frapper un officier général *pour cause de fidélité au drapeau sous lequel il a toujours combattu ;* mais ce qu'il y a de plus grave encore, c'est l'atteinte portée, et portée de si haut, aux principes mêmes de la hiérarchie.

Certes, nous sommes loin de prétendre qu'on doive accorder au commandement militaire une prépondérance qui ne saurait lui appartenir sans produire les résultats les plus funestes ; mais nous n'admettons pas davantage qu'on l'avilisse au point de le réduire à ce caporalisme énervant qui nous a menés à notre perte.

Tout chef militaire doit-il être un corps sans âme, un glaive inconscient entre les mains du plus adroit, ou bien a-t-il, à certains moments solennels, le droit et le devoir de choisir entre sa conscience et l'exécution d'un ordre qui porte atteinte à son honneur ?

Voilà la question posée par le fait du châtiment infligé au général Carré de Bellemare

Qu'on en juge du reste :

« *Monsieur le Ministre,*

écrivait ce général, en date du 25 octobre, en plein épanouissement de la fusion :

« Je sers la France depuis trente-trois ans avec le
« drapeau tricolore, et le gouvernement de la République
« depuis la chute de l'empire. Je ne servirai pas sous le

« drapeau blanc et je ne mettrai pas mon épée à la dis-
« position d'un gouvernement monarchique restauré en
« dehors de la libre expression de la volonté nationale.

« Si donc, par impossible, un vote de la majorité de
« l'Assemblée actuelle rétablissait la monarchie, j'ai
« l'honneur de vous prier, monsieur le Ministre, de vou-
« loir bien, dès le moment précis de ce vote, me relever
« du commandement que vous m'aviez confié.

« Agréez, etc.

« Général BELLEMARE

« Périgueux, le 25 octobre 1873. »

Le 28, le général Bellemare recevait une dépêche du
ministre de la guerre ainsi conçue :

« Vous êtes mis à la retraite d'office. »

Tandis que de son côté le *Journal officiel* publiait les
deux ordres qui suivent :

ORDRE A L'ARMÉE

« Le Ministre de la guerre a reçu de M. le général de
Bellemare, commandant la subdivision de la Dordogne,

une lettre par laquelle cet officier général se refuse à reconnaître la souveraineté de l'Assemblée nationale.

« Le Ministre de la guerre ne pouvant tolérer qu'un officier sous les drapeaux méconnaisse la représentation légale du pays, M. le général de Bellemare a été immédiatement démis de son commandement et mis en non-activité par retrait d'emploi, par décret de M. le maréchal Président de la République

« Versailles, le 28 octobre 1873.

« Général DU BARRAIL. »

ORDRE DU JOUR A L'ARMÉE

SOLDATS

« Un seul acte d'indiscipline a été commis dans l'armée.

« Le Maréchal Président de la République est convaincu qu'il ne se renouvellera pas ; il connaît l'esprit de dévouement qui vous anime. Vous saurez maintenir dans l'armée cette union et cette discipline dont elle a toujours donné l'exemple, qui font sa force, et qui seules peuvent assurer la tranquillité et l'indépendance du ays.

« Comme soldats, notre devoir est bien tracé ; en toutes circonstances, nous devons maintenir l'ordre et faire respecter la légalité.

« Versailles, 28 octobre 1873.

« *Le Président de la République,*

« Maréchal DE MAC-MAHON, DUC DE MAGENTA. »

Après avoir lu ces pièces, on se demande tout d'abord en quoi peut bien consister l'acte d'indiscipline qui a motivé la disgrâce du général.

Pour notre compte, nous y voyons bien une appréciation plus ou moins discutable de l'étendue des pouvoirs de l'Assemblée nationale, mais c'est tout ; et, à moins de faire de nos généraux autant de muets du sérail, il nous semble impossible d'être plus inoffensif.

Ah ! si le général Carré de Bellemarre avait livré sa lettre à la publicité, s'il en avait fait un moyen de propagande et de popularité, alors, nous eussions compris qu'on le taxât d'indiscipline ; mais, dans le cas présent, il nous est impossible d'admettre le bien fondé d'un pareil libellé.

Il peut y avoir là une faute contre L'OBÉISSANCE PASSIVE ; mais un acte d'indiscipline : jamais !

Or, si le général Carré de Bellemare a été frappé pour avoir commis une pareille faute, il ne s'agirait de rien moins que de remplacer la discipline de l'armée Française par celle de la Société de Loyola.

Nous avions donc raison de voir là un acte de la plus haute, disons le mot : de la plus déplorable gravité.

C'est que L'OBÉISSANCE PASSIVE érigée en principe, c'est l'armée changée pour toujours en bétail, comme celle de Metz : c'est l'armée prétorienne à l'intérieur, livrable à merci à l'étranger.

*
* *

Pour découvrir tout ce que cette doctrine a de funeste, jetons un coup d'œil sur la dernière campagne, sur ce procès de Trianon qui porte dans ses flancs de si terribles leçons ; qui aurait dû, par conséquent, être pour nous un grand événement, mais dont tout l'intérêt menace de se réduire à des incidents de séance par suite de l'insuffisance du président du Conseil.

Les grandes étapes de cette campagne sont :

1° la direction impériale ;

2° la prise de possession de la direction suprême par le maréchal Bazaine ;

3° les préliminaires de la fausse retraite ;

4° les batailles de Gravelotte et de Saint-Privat ;

5° Sedan et le conseil de guerre de Grimont ;

6° la capitulation de Metz.

A chacune de ces étapes nous trouvons bien marquée l'empreinte de L'OBÉISSANCE PASSIVE qui, jusqu'alors, n'avait pu parvenir à s'imposer à l'armée Française grâce parfois à l'initiative de quelques chefs et, le plus souvent, à celle de la troupe.

Quoiqu'il en soit, arrêtons-nous un instant à chacune de ces étapes : Que voyons-nous sous la direction impériale ? Sept corps d'armée semés au hasard sur la frontière ; et pas un chef ne se permet une observation sur le danger de ces dispositions ridicules qui ont produit Wœrth et Forbach.

— OBÉISSANCE PASSIVE

Qu'est-ce qu'autorisait, disons mieux ; qu'est-ce que commandait la discipline en pareil cas ?

Demandons-le à Napoléon Ier qui n'est pas suspect en pareille matière : « Tout chef, dit en substance le grand capitaine, qui accepte, sans des raisons majeures, de faire une opération qu'il juge désastreuse, commet un crime d'État. »

Lors de l'abandon de la haute direction des opérations entre les mains du maréchal Bazaine, le général Jarras, représentant l'état-major général, au lieu d'abdiquer des fonctions qu'on ne lui permet point de remplir sous prétexte d'incompatibilité d'humeur, laisse tomber en quenouille le rouage le plus important, le moteur même de l'armée, ouvrant ainsi la porte toute grande aux tripotages de l'état-major particulier du général en chef.

— Obéissance passive.

Au passage de la Moselle, pendant que le général en chef s'amusait à suivre de l'œil le combat inutile de Borny, négligeant plus ou moins volontairement de se porter où le vrai danger l'appelait, laissant à la commodité de l'ennemi des ponts dont il ne songeait pas à se servir lui-même, que fait le chef du génie dont le service spécial consiste à s'occuper de ces ponts ?

Il fait de l'obéissance passive.

« J'avais trop le sentiment de l'obéissance et du respect que je devais à mon chef » dit le général Coffinières, « pour me permettre de lui présenter des observations sur ce qu'il avait à faire ou à ne pas faire. »

A Gravelotte, à Saint-Privat, où le seul fait d'avoir livré des batailles défensives constitue un crime capital, tous les chefs de corps s'abritent derrière l'OBÉISSANCE PASSIVE pour laisser commettre le crime sans protester.

« JE N'AVAIS PAS UNE OBSERVATION A FAIRE, dit entr'autres le maréchal Canrobert, j'ai obéi.»

Vous avez obéi, Monsieur le Maréchal, c'était votre devoir, en toute circonstance, puisque vous étiez ensous-ordres immédiats, mais ce qui n'était pas un devoir moins impérieux pour vous, c'était de vous informer si le sacrifice de votre corps d'armée n'était pas inutile et, dans ce cas, de protester, comme général, tout en faisant votre devoir de soldat avec la valeur que nous nous plaisons à vous reconnaître.

Ah ! si le général en chef vous avait dit : Maréchal pour arriver à mettre l'armée sous la protection du camp retranché, j'ai besoin que vous résistiez, quand même, à Saint-Privat ; ou s'il vous avait chargé d'occuper la gauche de l'ennemi pour lui permettre de tomber à bras raccourcis sur sa droite, afin de la couper de ses communications, comme l'indiquait la situation ; si vous aviez été fixé sur l'un ou l'autre de ces points : Oui, vous n'aviez qu'à obéir sans observation ; mais, hors de ces deux cas, votre position défensive à Saint-Privat n'avait aucune raison d'être, si ce n'est de donner le temps de chercher un bon emplacement pour le *billard* de son Excellence ; et cela ne nous paraît pas une raison suffisante de laisser massacrer vos bataillons sans souffler mot, sans mettre le général en chef en demeure d'assumer toute la responsabilité de votre vain sacrifice.

A Grimont, pendant que l'armée de Châlons marche au supplice, on délibère sur l'opportunité d'une sortie..

Pourquoi faire ? A l'aide de quelle combinaison ?

Aucun des membres du conseil de guerre ne se permet de le demander, pour ne pas faillir à l'obéissance passive.

Après Sedan, Metz. Là, c'est le dernier degré de l'obéissance passive représentée par son grand-prêtre, le général Changarnier.

Nous avons déjà cité une maxime de Napoléon Ier, nous pourrions en citer une autre relative aux subordonnés qui laissent capituler tranquillement les commandants de place et d'armée sans les avoir obligés de faire tout ce que commandent le devoir et l'honneur. Nous nous contenterons de la rappeler aux répondants du général en chef de l'armée de Metz, parce qu'il ne nous convient pas de jouer le rôle de dénonciateur.

* *
*

Nous venons de voir les déplorables effets de la soumission du commandement à L'OBÉISSANCE PASSIVE qu'on tente évidemment, en ce moment, d'ériger en dogme.

Nous allons examiner maintenant les droits que la vraie discipline confère à ce même commandement et les devoirs qu'elle lui impose.

Et d'abord, qu'est-ce que le commandement ? Car nous avons vu par la dernière campagne qu'on est loin d'être fixé à cet égard.

Pour les uns, le commandement c'est le ministre de la guerre, pour les autres, c'est le chef du pouvoir exécutif : enfin, c'est le chaos.

Commençons donc par le définir en lui assignant sa place dans l'échelle hiérarchique.

Dans toute organisation régulière il doit y avoir une direction et une exécution sans parler du contrôle dont nous n'avons pas à nous occuper ici.

Eh bien ! c'est le commandement qui est chargé d'exécuter les détails du plan d'ensemble tracé par la direction, autrement dit par l'état-major général.

Autant de divisions territoriales en temps de paix ou d'armées en temps de guerre, autant de chefs qui représentent le commandement dans sa plus haute expression.

Quand on parle de l'unité de commandement on commet donc une grosse hérésie.

C'est l'unité de direction qu'il faut établir.

Etant ainsi donnée la subordination du commandement à la direction, quel doit être son rôle ?

Doit-il avoir l'initiative des mouvements sous le contrôle de la direction ou doit-il OBÉIR PASSIVEMENT à ses ordres ?

En d'autres termes : les chefs d'armée doivent-ils être des généraux ou simplement des caporaux surchargés de galons ?

Telle est la question soulevée par les divers agissements de la dernière campagne et à laquelle le conflit du pouvoir et du général Carré de Bellemare vient de donner une importance de plus en plus grande.

En réalité, cette question n'est autre que celle de la division des pouvoirs, qui constitue le principe républicain, et celle de la réunion dans les mêmes mains de la direction, de l'exécution et du contrôle, qui est le fond même de la doctrine impériale.

Nous avons vu que Napoléon Ier dont le génie pouvait pourtant masquer momentanément les vices d'un pareil système, n'a pas osé le pousser jusqu'à ses dernières limites ; et il n'a fallu rien moins que l'alliance du second empire et de la Société de Jésus pour imaginer de mettre en pratique cette conception monstrueuse et fatale de l'OBÉISSANCE PASSIVE.

Il résulte de ces prémisses que le principe de la division des pouvoirs, en laissant à chacun l'initiative compatible avec ses attributions, consacre l'indépendance du commandement à tous les degrés de la hiérarchie.

Qui dit indépendance dit responsabilité ; et la discipline n'est autre chose que la délimitation de la responsabilité.

Nous disons délimitation à dessein, parce que toute la question Bellemare est là.

L'indépendance et la responsaiblité du chef d'armée ou de division territoriale sont complètes.

L'indépendance et la responsabilité du chef placé en sous-ordres sont relatives ; son droit se borne à présenter des observations.

Dans le premier cas, qui est celui du maréchal Bazaine et du général Carré de Bellemare, le chef ne dépend que de sa conscience, comme l'a dit avec raison l'accusé de Trianon.

Seulement le maréchal Bazaine oubliait qu'il en est de l'indépendance du chef militaire comme de la liberté du citoyen : absolue en principe, elle est limitée dans l'application,

Le maréchal Bazaine oubliait qu'il y a une discipline pour le chef comme pour les subordonnés et que cette discipline ne lui laissait qu'un moyen de manifester les scrupules de sa conscience, puisque conscience il y a : la remise de son commandement.

En conservant ce commandement pour faire échec au gouvernement de son pays et, qui plus est, au pays lui-même, il s'est rendu passible du conseil de guerre.

En prévenant le Ministre de la guerre que, dans un cas donné, sa conscience ne lui permettrait pas de garder son commandement, le général Carré de Bellemare n'a fait qu'user de son droit, disons plus : il a rempli un devoir impérieux. Loin d'avoir commis une faute contre la discipline, il s'est strictement conformé à la lettre comme à l'esprit de ses prescriptions.

C'est l'honneur même de l'armée Française que cette protestation soit partie de son sein ; car c'est là un **acte d'Honneur** qui peut se résumer ainsi ·

NI PRÉTORIENS,

NI PRONUNCIAMENTOS :

ARMÉE NATIONALE

Paris. — Imp. ED. BAUME, 28, rue Saint-Lazare, 28